AF360188

TABLEAU DES COULEURS PRIMITIVES

ET DE LEURS DÉGRADATIONS

LE PASTEL

APPRIS SANS MAITRE

F. AUREAU. — IMPRIMERIE DE LAGNY

LE PASTEL

APPRIS SANS MAITRE

OU

L'ART CHEZ SOI

PAR

THÉNOT

Peintre et Professeur

NOUVELLE ÉDITION REVUE ET AUGMENTÉE

Par F. GOUPIL

AVANTAGES ET INCONVÉNIENTS. — OUTILLAGE. — COULEURS.
PASTELS DURS ET DEMI-DURS. — EMPLOI. — PAPIERS PUMICIFS, ETC.
CONSERVATION DES PEINTURES.
ÉTUDES DE TOUS LES GENRES. — LES MEILLEURS MODÈLES
EXERCICES A SUIVRE

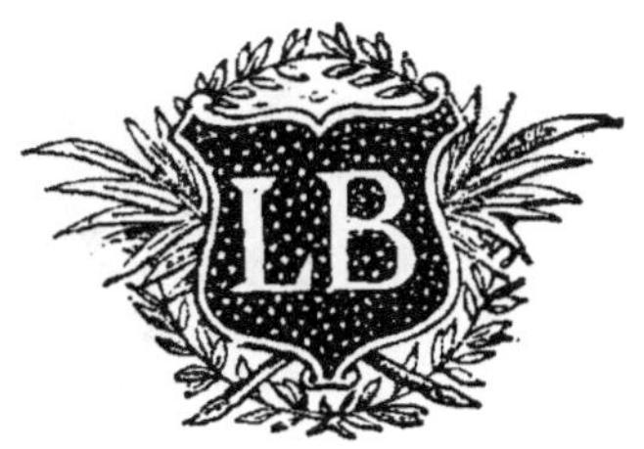

PARIS

LE BAILLY, LIBRAIRE-ÉDITEUR

6, RUE CARDINALE, 6

Toute reproduction est interdite en France et à l'Étranger.
Les contrefacteurs seront poursuivis.

INTRODUCTION

On tomberait dans une erreur des plus graves si l'on pensait pouvoir se livrer à l'étude du pastel avant que de savoir parfaitement dessiner, car, pour faire de l'aquarelle, de la peinture à l'huile ou du pastel, une connaissance approfondie du dessin est la chose la plus indispensable.

Ainsi, la personne qui voudrait commencer à peindre ou à manier les crayons-pastels sans avoir consacré le temps nécessaire aux études du dessinateur, agirait comme un architecte qui voudrait élever un édifice quelconque sur des fondations insuffisantes et manquant de solidité.

La figure, les animaux, le paysage et la marine sont les genres principaux que se propose le dessin; à ceux-là viennent s'adjoindre : les fleurs, les fruits, les ornements de toute sorte; mais le pastel ne saurait s'appliquer indifféremment à tout ce qu'embrasse le dessin, et la reproduction de deux ou trois des genres que nous venons d'indiquer lui suffit.

En effet, tandis que la peinture à l'huile nous attache par des qualités énergiques et puissantes, et que l'aquarelle nous charme par sa transparence et sa finesse, le pastel nous séduit par son éclat, par son velouté, qui semble enlevé à l'aile du papillon et n'être inventé que pour reproduire à nos yeux les riantes images des femmes et des fleurs.

Le pastel comparé aux autres peintures ressemblerait plutôt à la gouache, mais il ne comporterait pas les dimensions réduites qui ont permis de décorer avec des gouaches miniaturées des dessus de tabatières qu'on admire encore dans certaines collections.

DU PASTEL

Du pastel, de son origine, des maîtres qui l'ont illustré.

Quel fut l'inventeur de la peinture au pastel? C'est un point que l'on ignore. Car les artistes ont, de tout temps, cherché à utiliser les couleurs, même en crayons; ne se sont-ils pas servis d'abord, pour leurs dessins, de crayons rouges et noirs, rehaussant le tout de blanc, quand ils opéraient sur du papier de couleur? Cet usage, dont on retrouve des traces en Egypte, a dû conduire à ajouter d'autres couleurs, d'autres nuances: jaune, bleu, etc., etc. C'est, à n'en pas douter, cette pratique commode qui doit avoir conduit tout naturellement les dessinateurs à travailler avec des crayons plus ou moins tendres et à produire des empâtements figurant la peinture à l'huile. Mais, si l'on ne peut préciser l'époque à laquelle le pastel se trouva assez perfectionné pour former un nouveau modèle de peinture, du moins on a conservé le nom des premiers artistes qui ont mis cette manifestation de l'art en relief. Quelques écrivains font honneur de cette invention à Jean-Alexandre Thièle, né à Erfurt, en 1685, et mort en 1752. D'autres l'attribuent soit à madame Vernerin, de Dantzick, soit à mademoiselle Heide, née dans la même ville dans

les dernières années du dix-septième siècle, et morte
en 1753.

Disons bien vite qu'en France, on faisait des peintures au pastel sous le règne de Henri II et de
Charles IX, comme le prouvent les beaux croquis des
personnages de cette époque, que l'on garde au musée
du Louvre. Et nous trouvons dans cette belle galerie,
entre plusieurs portraits au pastel, celui d'une reli-
gieuse âgée de soixante-huit ans, peint au pastel, par
Dumoutier père, en octobre 1615.

Les artistes qui ont laissé une réputation incontes-
table en ce genre, sont : Maurice-Quentin de Latour,
dont les portraits sont encore payés presque au poids
de l'or; Lundberg, Liotard, madame Roslin, Jean-
Marc-François Boucher, Nattier et son élève Louis
Tocqué, madame Guyard, Perroneau, Jean-Baptiste
Greuse. A toutes les œuvres de ces éminents artistes,
que possède la galerie des pastels au Louvre, il faut
ajouter celles de la Rosalba, qui florissait à la même
époque et que nul artiste n'a dépassée dans ce genre
gracieux.

Depuis, cette galerie s'est encore enrichie des pastels
de Prud'hon et des admirables esquisses de Girodet.

Le pastel, si utile et si préférable à tout autre genre
de peinture, lorsqu'il s'agit de saisir un effet qui doit
vite disparaître, tel qu'un coucher de soleil, un jeu de
lumière entre des nuages, ne saurait être remplacé
non plus par l'huile ni par l'aquarelle quand on veut
fixer sur le papier l'esquisse d'une composition dont
la pensée est saisie; car l'imagination perd toujours
une partie de sa sève et de sa chaleur lorsque, dans le
feu d'une conception activement conçue, elle ren-
contre des obstacles et du retard dans les moyens qui
doivent lui permettre de se traduire au jour.

Malheureusement, il est une mode dans les arts

comme en toute autre chose, et pendant longtemps cette déesse capricieuse fut défavorable au pastel, qu'on put croire un genre oublié; mais, de même que le goût des meubles Louis XV nous est revenu, de même le pastel a repris sa place parmi les productions du temps qui court.

Au nombre des artistes qui se livrent à ce genre gracieux, depuis que la fantaisie l'a remis en honneur, il faut compter MM. Brochard, Coedès, Galbrun, Eugène Giraud, Kietz, Laugier, Lécurieux, Maréchal (de Metz), Séverin, Vidal, madame Juillerat et mademoiselle Nina Bianchi, dont les œuvres décorent les galeries et les vitrines des différents marchands de tableaux que possède Paris, d'une foule de têtes charmantes, qui, brunes ou blondes, se font remarquer par une suavité de ton, une fraîcheur de coloris qui sont les qualités réelles et distinctives du pastel.

Dans le paysage, il y a des artistes non moins recommandables, tels sont MM. Bouquet, Jules Cognet, H. Foster, Rolland, Troyon, madame Pauline Stephen, mesdemoiselles Hart et Jeanne Petit-Jean.

Les fleurs et les fruits sont traités supérieurement, au pastel, par mesdemoiselles Allain et Jeanne Petit-Jean (1).

A Paris, les marchands de tableaux louent des modèles au mois ou au demi-mois, ce qui est pour les amateurs un précieux avantage. Mais en province, où l'on n'a pas cette ressource, les impressions en chromolithographie peuvent en quelque sorte suppléer à ce manque.

C'est un véritable progrès!

(1) A la liste des pastellistes célèbres, il convient d'ajouter les noms de : Becq de Fouquières, Faustin Latour, Grosclaude, Saintin, Barbarin, Ph. Rousseau, Fortuné Ferogio; ceux de Mesdames Laurent Lepelletier, Eymard de Lanchâtres, H. Brown, etc.

Note des objets indispensables pour faire le pastel.

Une boîte de pastels tendres assortis,
Une demi-boîte de pastels demi-durs,
Du papier teinté de différentes couleurs,
Du papier pumicif, ou tout autre recouvert de sable fin,
Une peau de vélin préparée,
Des estompes en papier gris,
Des crayons noirs et rouges, Conté n° 3, sanguine, et de la sauce noire,
Un paquet de fusain,
Un couteau-grattoir,
Quelques pinceaux-blaireaux qu'on emploie à sec pour enlever la couleur dans une place du dessin qu'on voudrait restaurer,
Du papier végétal pour décalquer le trait qu'on aura cherché sur une autre feuille de papier quand on n'est pas d'une grande force en dessin.

Du papier qu'on doit préférer pour faire du pastel.

Le papier dont on se sert pour le pastel doit avoir un grain pelucheux, car le crayon-pastel ne saurait prendre sur un papier uni, encore moins sur un papier glacé. Il est facile de s'assurer de la bonté du papier qu'on veut employer. Pour cela il faut étendre dessus un ton vigoureux et frotter légèrement avec le doigt, puis, mettre par-dessus un ton plus clair ; si ce dernier conserve sa couleur malgré la vigueur de celui qui d'abord a été mis dessous, cela prouve que le papier ainsi essayé est convenable pour l'usage auquel on le destine.

Cependant le meilleur de tous les papiers est celui qu'on appelle papier pumicif.

Sur sa couche de sable fin, de sciure de bois ou de ponce, le pastel prend mieux que sur aucun autre : les teintes n'y perdent rien de leur fraîcheur ni de leur légèreté ; on peut le charger de couleur sans nul inconvénient dans les parties où le dessin veut être empâté ; la touche y reste ferme et vigoureuse ; enfin, on y peut revenir autant qu'on le désire sans craindre de le voir se graisser et refuser de prendre le crayon.

On se sert aussi d'un vélin moutonné, dont un des côtés, exempt de corroyage, est resté pelucheux, et c'est sans contredit le meilleur fond qui puisse recevoir le pastel, mais le prix élevé de ce vélin ne permet de l'employer que pour des travaux productifs, et non pour de simples études. Du reste, si le vélin donne des tons excessivement fins, et des nuances veloutées d'une extrême vigueur, il refuse souvent les détails multipliés du paysage, aussi ne l'emploie-t-on que pour la tête.

Avant de commencer un travail quelconque sur papier pumicif, il faut enlever légèrement, avec une boulette de papier gris, le plus gros de la ponce ou de toute autre poudre dont il est enduit ; si l'on négligeait cette précaution, on aurait promptement le bout des doigts en sang. Beaucoup de personnes tendent leur papier sur un carton, mais souvent il arrive que ce papier forme des ondes à cause du gondolage du carton ; la meilleure manière est donc de le tendre sur un châssis qu'on aura d'abord recouvert d'un canevas ; lorsqu'on veut le tendre, il faut, au préalable, le mouiller légèrement du côté de l'envers, puis, après qu'il aura été étendu sur le canevas, en replier les bords et les coller : après quoi, le tout étant bien sec, il ne reste plus qu'à poser le châssis sur le chevalet, et à commencer son travail en soutenant avec un appuie-main la main qui se sert du crayon. Sur un petit châssis il peut suffire de coller du papier pour soutenir le vélin ou le papier pumicif, qui reçoit le crayon; mais si le travail qu'on veut entreprendre est grand, non seulement il faut recouvrir le châssis d'une toile, mais encore coller par-dessus plusieurs feuilles de fort papier avant d'y fixer celui qui doit recevoir le pastel ; sans cette précaution, on n'oserait appuyer le crayon ni le doigt, sans risquer de crever ou du moins de détendre le papier sur lequel on doit dessiner.

Des crayons-pastels.

Le nom de ces crayons leur vient, selon les uns, de la plante nommée pastel, du suc de laquelle se tire une teinte bleue dont se servent les teinturiers. Selon les autres, ce nom leur vient de l'italien *pastello*, petit rouleau de pâte.

Les couleurs principales des crayons-pastels sont : le vermillon ou sinabre, le brun rouge, l'ocre jaune, le chrome jaune, la gomme gutte, le vert émeraude, le cobalt et l'indigo; avec ces tons primitifs et ceux qui en dérivent, en se multipliant à l'infini, on peut exécuter toute espèce de pastel.

Il est bien entendu que si, au nombre des tons primitifs nous ne plaçons pas le blanc, c'est parce que le blanc, qui contient toutes les autres couleurs, n'est pas par lui-même une couleur existante dans la nature, où tout est coloré, et cependant on ne saurait rien faire au pastel sans son secours, car il n'en est pas de ce genre comme de l'aquarelle, où toutes les lumières sont réservées. Le noir n'existant pas dans la nature plus que le blanc, on doit le répudier en raison de sa lourdeur et de son âcreté, bien entendu seulement au sujet de tons fins et de nuances délicates qui en dérivent, car pour les velours, les soies et en général, les vêtements noirs, on ne peut employer que la sauce noire, et le crayon Conté n° 3. Nous indiquerons encore tout à l'heure le crayon noir comme indispensable à certaines nuances dont il forme le dessous. Mais, comme nous venons de le dire, pour les tons noirs ou noirâtres qui doivent être fins, transparents et harmonieux. Ces tons noirs s'obtiennent par un mélange de terre de Sienne brûlée, d'ocre et d'indigo, comme on le fait pour l'aquarelle, et au lieu d'avoir un ton cru, lourd et discordant, on obtient par ce procédé un ton harmonieux et léger qui jette de la chaleur et du mystère dans les ombres.

Le sentiment et l'observation sont nécessaires au coloriste.

La connaissance des différents crayons qui s'emploient dans la peinture au pastel s'acquiert par l'habitude de s'en servir ; mais ce qu'on ne saurait enseigner, c'est la juste application qu'il en faut faire. Certes, il existe des principes que tous les coloristes ont suivis, principes aussi certains qu'une règle de mathématiques; mais les principes qui expliquent la valeur du clair, des ombres et des reflets de couleurs, ne peuvent pas être appliqués complètement par tout monde, car il y a un sentiment de la couleur qui ne peut s'expliquer ; qui tient aux organes de la vue, à la justesse du coup d'œil, à l'observation intelligente des tableaux variés que la nature déploie à chaque heure devant nos yeux.

Nous vous dirons donc : Étudiez la nature, voyez ce que chaque heure de la journée, chaque variation de l'atmosphère apporte de changement dans la couleur des objets qui vous entourent, et vous serez bien près de rendre le ton juste de chaque chose.

Qui ne sait, en effet, que tel objet qui se voit au travers de l'air dont il est entouré, nous semble revêtu d'une vapeur bleuâtre, que le même objet, vu au soleil levant, nous paraît laqueux, tandis que le soleil couchant nous le montre coloré de tons orangés ou rougeâtres ?

Par ces motifs, et par bien d'autres encore dont l'énumération nous entraînerait trop loin, il est impossible de poser ici une règle certaine, un principe fixe et invariable à ce qu'on est convenu d'appeler le coloris. Etre coloriste, c'est être doué d'une faculté des plus rares ; le devenir, c'est, après en avoir étudié sérieusement les principes, être pourvu d'une justesse d'observation qui nous donne le moyen de reproduire la nature sous son aspect réel.

Une boîte de pastels assortis doit contenir une série de crayons tendres qui se complète par une autre série de crayons demi-durs dont les nuances sont assorties aux nuances des pastels tendres.

Ces boîtes sont composées d'une série de tons dégradés dans la proportion de huit à douze nuances.

Depuis le blanc légèrement teinté jusqu'à la couleur la plus foncée, un assortiment de crayons-pastels comprend à peu près cent cinquante tons dégradés pour les pastels tendres, et cent environ pour les pastels demi-durs.

Un bon exercice pour l'étude du coloris, consiste à

se rendre compte, sur différents fonds, des modifications que subit une couleur ou un mélange ; un fond noir éclaircit les tons, un fond blanc les fonce.

Prenez un fond vermillon, placez-y un rond vert clair, le vert paraîtra beaucoup plus brillant que sur un fond gris. Prenez un fond vert, placez-y un rond de vermillon, le vermillon prendra beaucoup d'éclat.

Ce qui démontre que le rouge complément du vert, et le vert complément du rouge se rehaussent et se donnent un éclat mutuel par contraste de voisinage. Le bleu rehausse l'orange et réciproquement, de même que le jaune rehausse le violet.

De l'esquisse du pastel.

La fraîcheur, la pureté des tons du pastel formant son principal mérite, il faut avoir le plus grand soin en esquissant le motif dont on va s'occuper, de ne pas graisser ni fatiguer son papier.

Pour la figure humaine, lorsque l'esquisse au fusain est terminée, avec l'aide d'un blaireau, il faut faire tomber le trop plein de fusain qui empâte le trait ; cette opération lui donne de la légèreté que vous augmentez encore en le rectifiant avec de la mie de pain ; mais surtout il faut avoir soin de ne pas altérer la forme des ombres qui doivent être massées carrément et avec fermeté.

Cette esquisse, ainsi faite, doit suffire pour achever le pastel ; la reprendre avec de la sanguine ou du crayon noir serait risquer de graisser le papier, et, nous le répétons, c'est surtout cela qu'il faut éviter.

Pour le paysage, on opère presque de la même manière, pour les lointains et le contour des montagnes ; le reste, c'est-à-dire les seconds et les premiers plans, s'esquissent au fusain et se passent au trait avec du crayon noir n° 3. Nous allons d'abord nous occuper de la tête, et nous terminerons notre travail par la partie consacrée au paysage.

Il sera très utile de s'exercer à copier au pastel de bons tableaux à l'huile. Les meilleures études qu'on puisse copier sont d'après le peintre Greuze, ainsi que d'après Paul Rubens : on choisira de préférence les modèles dans une gamme lumineuse et claire, plus facile à imiter que des originaux très montés de tons.

De ce qu'on doit faire et de ce qu'on doit éviter.

Votre esquisse terminée, ébauchez largement, massez vos ombres avec des pastels d'un ton chaud, modifiés par des tons gris, rosés, jaunâtres ou violacés lorsque vous approchez de la demi-teinte, et selon le sujet que vous traitez ; ensuite, vous placerez vos lumières principales et vos demi-teintes, afin d'établir l'effet général.

Ce travail étant, quant à l'exécution, tout différent, de nos jours, de celui des artistes du règne de Louis XV et de Louis XVI, et comme il offre moins de difficultés à l'élève, nous allons commencer par sa description. Pour opérer comme la plupart de nos peintres de pastel, il faut d'abord procéder par hachures, larges et croisées dans le sens du modelé. Il ne faut se servir du doigt que pour fondre les teintes entre elles ; mais ce dernier moyen ne peut être employé que lorsque le papier ou la peau dont on se sert se trouve complètement couverte de pastel.

De l'ébauche du pastel.

Pour étudier le pastel avec fruit, il est important de ne pas se préoccuper de la multiplicité des tons qui dérivent des couleurs primitives, on doit au contraire toujours tendre à simplifier.

Ainsi, pour l'ébauche, il faut procéder simplement, sobrement, en ne se servant des vermillons, des laques et des bleus que par-dessus des lumières mates, car c'est le seul moyen par lequel on puisse arriver à faire transparent à volonté.

Nous ne saurions trop insister sur le conseil que nous avons donné plus haut de ne pas abuser de l'emploi trop fréquent du doigt pour fondre les couleurs, car cette transparence et ce velouté dont nous parlons ne sauraient exister si l'abus que nous signalons enlevait au pastel le gras et l'ampleur qui font partie de ses qualités.

C'est donc par l'emploi des tons croisés en hachures qu'il faut d'abord arriver à l'effet d'une tête.

Le doigt n'est utile qu'à fondre les tons les uns dans les autres, mais avec la plus grande légèreté, dans la crainte que le papier n'en soit altéré.

Ce léger frottement remettant dans la masse le modelé de votre tête, que l'esquisse avait accentuée, il faut en rétablir la finesse et la fermeté par des touches qui peuvent être indiquées d'une manière précise, parce qu'elles sont dans le domaine de l'intelligence et du sentiment.

Si, dans le cours de votre travail, vous croyez vous être trompé et que vous souhaitiez substituer un ton à un autre, il faut prendre un blaireau, et avec son aide chasser légèrement le ton primitif que vous

2

proscrivez avant de poser celui que vous lui préférez, et lorsque vous faites cette opération, pencher en avant votre châssis de manière à ce que votre travail ne risque pas de se salir en recevant la poussière qui se dégage sous le blaireau.

Lorsque vos masses d'ombres et vos teintes lumineuses sont indiquées, vous marquerez les indications de l'ombre du nez, de la partie la plus vigoureuse du sourcil, de l'ombre qui marque le dessous des lèvres avec un pastel brun rouge, et cette couleur légèrement sanguine donnera de la vie à la tête que vous peignez.

Ensuite vous poserez sur la partie la plus lumineuse de votre tête, c'est-à-dire sur la pommette, un ton de chair qui vous servira de point de comparaison pour le reste de votre travail.

Pour reproduire un teint frais et coloré, vous choisirez un crayon composé de tons vermillon blanc et ocré; si le teint est pâle, vous en prendrez un, où dominera le blanc. Lorsque vous aurez donné du piquant au coloris de votre joue en ajoutant à cette première couche posée comme ton de chair, une seconde et une troisième teinte plus vive et plus rosée, vous l'entourerez d'un ton gris bleu léger qui vous servira de première demi-teinte; le ton que vous placerez après celui-ci devra être d'un roux verdâtre, ce qui lui permettra d'arriver peu à peu vers l'ombre sans être discordant, et enfin, après celui-là, un autre ton un peu plus roux encore viendra se fondre et s'harmoniser avec le brun rouge que vous aurez mis primitivement. Le front lumineux pour l'ordinaire n'admet pas des ombres si prononcées que celles des joues et de la mâchoire.

Il faut soigneusement éviter de cerner les ombres, d'accuser durement les traits du visage, de laisser la cornée de l'œil trop blanche et de faire le point visuel trop lourd de ton.

Il faut aussi ne pas ébaucher les ombres avec des tons trop foncés, sous peine de leur donner de la lourdeur.

Il vaut mieux les attaquer plus doucement d'abord, et les colorer peu à peu, car c'est ainsi seulement qu'on obtient de la transparence.

Passons aux procédés employés par de Latour et par ses contemporains. Avant de poser les nuances qui devaient produire l'effet de l'ensemble général, ils étendaient une couche légère de sanguine, sous la masse de l'ombre, ce qui donnait une belle couleur et de la vitalité à cette partie. On ignore, de notre temps, que le Titien, Paul Véronèse et Raphaël même, plaçaient une couche de brun rouge, ou de vermillon, sous une draperie qu'il devaient peindre en bleu. Ce procédé de peinture à l'huile, nos maîtres, en fait de pastel, en ont fait une heureuse application au visage humain, qu'ils ont traité avec une supériorité marquée. Bien plus, de Latour et Greuze plaçaient un frotté de noir, crayon n° 3, frotté extrêmement léger, sous les parties charnues, qui devaient être bleuacées. L'expérience nous a démontré qu'aucun bleu ne peut remplacer cette nuance bleuâtre, produit du noir sous un ton de chair.

Il faut éviter toujours le contact de la main qui par sa moiteur ternirait certaines couleurs.

Il est, pour cela, utile d'installer comme guide-main une règle glissante sur les deux bords montants du châssis comme font les lithographes.

Des cheveux.

Quand vous arriverez aux cheveux, tout en vous conformant à la nuance que vous indiquera votre modèle, vous devrez commencer par poser sur votre ombre un ton qui équivale par sa vigueur à celui que vous aurez mis sur la partie la plus vigoureuse des joues.

Ensuite, à côté de cette ombre largement indiquée comme toujours, vous poserez une seconde teinte plus chaude (1), qui vous fera arriver à la troisième, la teinte lumineuse ; cette manière de procéder amènera les meilleurs résultats.

Il est bon de tenir son ébauche vigoureuse et dans un ton chaud, et de réserver les tons frais pour terminer ; lorsque toutes les teintes sont mises en place, ainsi qu'on le fait pour une mosaïque, c'est le moment de se servir du petit doigt pour les lier et les fondre les unes dans les autres, comme le pourrait faire une estompe.

Ce travail donne du moelleux aux contours, mais il faut prendre garde, en le faisant, de perdre la forme première ou de lui ôter l'accent qui lui convient.

Lorsque l'ensemble est terminé, on doit s'occuper de modifier les diverses parties qui laissent à désirer, nous voulons dire qu'il faut rendre plus légers les tons lourds, et réchauffer ceux qui sont froids.

Il faut éviter avec le plus grand soin de salir les touches qui sont dans le clair par des teintes obscures ; elles ne doivent se toucher que par leur extrémité

(1) Les couleurs ou tons froids sont ceux qui participent du noir et des bleus. Les couleurs chaudes ou tons chauds, participent des jaunes et des rouges.

lorsqu'elles sont fondues ensemble. La meilleure manière de procéder est de les lier par des demi-teintes.

Ces demi-teintes doivent toujours participer des couleurs qui les entourent.

Si vous exécutez un portrait, il est très important de ne pas trop achever les accessoires de vêtements, ce qui nuirait au relief des chairs en absorbant l'attention au détriment de la saillie et de la ressemblance du visage.

Des draperies.

Les draperies et les accessoires doivent être toujours plus largement faits que les chairs.

Des fonds.

Le fond sur lequel est peint votre portrait doit être calculé d'avance et non pas livré au hasard ; il sera vigoureux ou clair, suivant l'effet que vous voudrez produire ; sa première qualité doit être d'enlever les clairs et de les faire paraître plus brillants par de vigoureuses oppositions, comme aussi de faire valoir les ombres par sa légèreté.

Il faut redouter la monotonie des fonds uniformes qui n'arrivent jamais à produire l'effet que nous venons d'indiquer ; un fond habilement ménagé en clair ou en foncé autour du visage est ce qu'il y a de mieux, surtout si en le composant vous y faites entrer les mêmes tons qui vous ont servi pour votre tête ; ce mélange vous donnera pour résultat l'harmonie de laquelle découle le plus grand charme de la peinture. Évitez les fonds de couleur crue et trop voyante.

Les grands peintres des galeries du Louvre, vous

donneront en cela les meilleurs conseils à suivre si vous les étudiez attentivement.

Il n'est pas moins important de savoir bien placer la tête dans l'espace superficiel du tableau à remplir.

La quantité d'espace ou d'atmosphère que vous réservez autour d'une tête, doit avoir certaines proportions pour ne pas étouffer l'original par trop de parcimonie, surtout si la tête est isolée (sans mains), ni accessoires.

Moyens de dégraisser le papier sur lequel on fait son pastel.

Si, dans le courant de votre travail, vous vous aperceviez que votre papier fatigué par le frottement du doigt refusât de prendre le crayon, il faudrait enlever légèrement, un peu de son épiderme, soit par l'emploi de la pierre ponce mise à plat, soit avec du papier de verre très fin n° 00, soit, ce qui nous paraît préférable, avec un morceau de sèche. Malheureusement lorsque le papier se trouve dégraissé, la place ainsi remise en meilleur état conserve un inconvénient qui est de goder plus ou moins; pour remédier à cela, il existe un procédé des plus simples, qui est de l'humecter à l'envers avec une éponge fine à l'endroit où il gode, avec de l'eau dans laquelle vous aurez fait dissoudre un peu d'alun : en séchant, le papier se tendra de nouveau, et l'alun lui aura rendu, en l'encollant, sa qualité primitive.

Il est bien entendu que nous ne voulons pas ici parler du papier recouvert de sable ou de poudre de ponce, mais bien de tout autre papier qui n'a pas de grain.

Afin de n'enlever que juste la place dont on veut

modifier la couleur ou la facture, on fera bien de prendre avec du papier végétal, le tracé exact de la circonscription linéaire de cette place. On le décalquera ensuite sur du papier fort (du bristol par exemple), et on en découpera le vide avec soin. Ce vide obtenu, on placera le carton découpé sur le dessin pastel, et on enlèvera plus facilement, de la surface du papier, tout ce qu'on veut faire disparaître, le reste du pastel se trouvant ainsi protégé par la superposition du carton ajouré.

DE LA CONFECTION D'UN PAYSAGE AU PASTEL

Du ciel.

Lorsque l'esquisse est terminée, celle des montagnes étant légèrement indiquée, les seconds et premiers plans arrêtés par un trait fait au crayon noir n° 3, on commence son ciel.

Pour cela, on place son dessin à plat sur une table, et l'on choisit les crayons que l'on doit employer. Si le ciel est bleu, on place d'abord une légère nuance jaune ou plutôt rougeâtre, vers la limite du ciel et des lointains, puis on pose les bleus, commençant par les plus clairs ; cela se fait par un frotté, assez considérable pour recouvrir toute la surface du ciel, et en observant de passer toujours la dernière nuance sur une portion de celle qui l'a précédée.

C'est avec la paume de la main, et en frottant, que l'on mêle ces couleurs, qu'on les étend et qu'on les unit au point de représenter la voûte du ciel.

On procède de même pour un soleil couchant; on place les jaunes, les oranges, et des tons laqueux entre les derniers et les bleus, ce qui évite les nuances vertes, etc.

Le fond du ciel parfaitement réussi, on place le foncé des nuages, puis la portion éclairée.

Des montagnes.

Après avoir réesquissé les montagnes par trait poli, fait avec un crayon-pastel, bleu-violacé, l'exécution du ciel ayant fait disparaître le premier trait, on masse les montagnes avec des crayons bleus et des violâtres, mêlant le tout avec les doigts ; on retravaille cette partie de la peinture avec des crayons demi-durs, et l'on termine par les touches les plus fines, comme les plus délicates.

Des terrains.

Quand un terrain doit être d'une couleur rougeâtre ou grisâtre, il faut placer dessous une teinte de crayon noir n° 3, ou de tons bruns ; mais si ce terrain devait être jaune, c'est une nuance de sanguine, ou d'autre rouge qui doit lui servir de préparation.

Des arbres.

Il en est de même des arbres ; sous un fond vert froid, mettez de la couleur rouge ou jaune ; sous un vert plus chaud, placez du crayon noir ; sous un vers feuille-morte, des bruns chauds, etc., etc. Avec cet données, l'expérience fera le reste; si vous êtes embarrassé sur le choix de ces préparations, que de Latour, Greuze et tant d'autres savaient si bien choisir, vous ferez bien de demander conseil à quelqu'un de nos habiles professeurs, qui se fera un plaisir de vous renseigner de son mieux, et cela dans le seul but d'être utile.

Des eaux.

La portion d'un fleuve, ou d'une étendue de la mer, qui s'approche de l'horizon, s'ébauche presque du ton qu'elle doit avoir; mais, en se rapprochant de la base du tableau, on ajoute, pour le dessous, du crayon noir, d'abord légèrement, puis vers le premier plan plus fortement, et, tout à fait près de nous, on mêle à ce noir du vert froid.

Si les eaux devaient laisser voir le fond, c'est-à-dire le terrain qu'elles recouvrent, il faudrait les ébaucher avec du rouge et du jaune, puis travailler le fond et ajouter l'eau, légèrement, de même que cela se fait pour les glacis à l'huile.

De l'emploi du grattoir.

Le grattoir peut être employé fructueusement pour réveiller un arbre qu'on a fait trop lourd et auquel la légèreté est nécessaire; on gratte donc le vert et le noir par touches spirituelles, qui remettent le papier dans sa couleur primitive; souvent ce travail est suffisant, car le ton du papier figure bien le ciel; d'autres fois il faut repiquer les endroits enlevés avec des tons bleus.

Des fleurs et des fruits.

Ce genre, qui donne les plus heureux résultats, n'est guère cultivé au pastel que par madame Stephen et mesdemoiselles Allain et Petit-Jean; cependant M. Lécurieux a produit quelques belles études largement pastellées.

On procède, dans cette manifestation de l'art, pour un bouquet ou une réunion de fruits, comme pour la figure humaine et le paysage tout à la fois, c'est-à-dire que, pour le bien traiter, il faut réunir l'exactitude avec la facilité.

De la fragilité du pastel et s'il faut le fixer.

Quoi qu'on en ait dit sur la fragilité du pastel, ses couleurs ne s'évaporent pas davantage que celles des autres genres de peinture; et, sans compter tant de charmants portraits existants chez les particuliers et dont la fraîcheur et l'éclat remontent à plus d'un siècle, les pastels du Louvre sont là pour nous dire que le temps ne les flétrit pas lorsqu'on les entoure des soins nécessaires à leur conservation.

Ainsi, le soleil qui dévore l'aquarelle n'a pas plus de respect pour le pastel dont il ronge les couleurs. L'humidité lui est aussi nuisible au moins que le soleil, car lorsqu'elle ne détériore pas entièrement les tons, elle les change, les ternit, et répand çà et là des taches livides qui en changent totalement l'aspect.

Beaucoup de gens ont cherché et cherchent encore le meilleur moyen de fixer le pastel; nous avouons que cette recherche ne nous sourit guère, et qu'un pastel fixé par une substance gommeuse, ou par tout autre procédé qui peut avoir l'apparence du vernis nous semble un contresens, presque une profanation. Irez-vous enlever son duvet à la pêche, et sur la joue d'une fraîche jeune fille, mettrez-vous un enduit qui détruise le velouté dont la nature l'a revêtue? Non certainement; et bien alors comment pouvez-vous désirer trouver une préparation qui enlève au pastel sa plus charmante imitation de la nature, c'est-à-dire son velouté, son flou, son vaporeux, ce duvet soyeux et léger qui nous charme et nous plaît dans le pastel, parce qu'il nous transmet l'une des qualités les plus attrayantes de la jeunesse et de la beauté.

On ne doit donc pas fixer le pastel; il suffit de le préserver de la poussière, en le faisant mettre sous verre; on observera que le pastel ne doit pas toucher à la glace qui le recouvre, car la poussière colorée qui s'en détacherait, ternirait sa transparence en même temps que la peinture s'en trouverait détériorée.

De petites tringles de bois, placées dans la feuillure du cadre, suffiront pour empêcher tout accident pareil.

Le derrière de votre pastel une fois placé dans son cadre devra être recouvert d'un panneau en bois qui le préservera de tout choc ou contact qui pourrait crever le papier. Une feuille collée sur le tout empêchera la poussière de pénétrer dans l'intérieur.

Précautions utiles à la conservation des peintures au pastel.

L'humidité est l'ennemie de toute conservation d'objet peint, quelle qu'en soit la nature. L'humidité s'attaque surtout au papier. Le papier est toujours difficile à choisir. Il serait peut-être utile, avant d'exécuter le pastel, de coller du papier d'étain derrière le papier pumicif.

Le pastel ne doit jamais être exposé au soleil.

Du pastel frotté.

Toutes les indications que nous venons d'offrir aux amateurs de la peinture au pastel, se rapportent seulement au pastel empâté ; mais il est une autre sorte de pastel qu'on appelle le pastel frotté, et qui se prépare ainsi :

Après avoir soigneusement dessiné avec du crayon rouge ou noir, ou avec la mine de plomb le motif qu'on veut reproduire (ainsi, supposons une tête), il faut en accuser les ombres avec une estompe et de la sauce Conté, puis on écrase le pastel dont on doit se servir, et, soit avec un petit tampon de coton, soit à l'aide d'une brosse carrée en soie, on frotte légèrement de manière à faire la teinte.

Après quoi l'on revient sur ce premier travail avec des pastels demi-durs, qui servent à accentuer les narines, les yeux, la bouche, les cheveux, les sourcils ; enfin, en revenant, avec quelques hachures légèrement accentuées, pour lesquelles on se sert de pastels demi-durs, on donne de la fermeté au ton et au dessin, et l'on termine par un pointillé qui complète l'œuvre en lui apportant le fini nécessaire à sa perfection.

Nous avons admiré des effets charmants obtenus par ce procédé si simple, dans lequel excellent M. Guët et madame de Léomenil, et que Steuben a traité d'une manière supérieure.

Nous avons quelquefois employé ce moyen au sujet

de dessins au fusain fixé, ce qui procure des effets piquants et pittoresques.

Les plus jolis produits du fusain fixé et rehaussé de pastel que nous ayons vus, étaient de M. Ferroggio ; cet habile artiste a su tirer un grand parti de la couleur du papier, par rapport à l'effet qu'il voulait produire.

Le meilleur papier pour le pastel frotté et légèrement hachuré, est le papier vélin, d'une nuance claire. Quant aux estompes, on se sert de celles en liège, en papier gris et de moelle de sureau.

Nous ne pousserons pas plus loin les notions qu'il faut appliquer longtemps et souvent, afin de se familiariser avec elles, et surtout de les compléter par l'expérience.

Si cet aperçu, quoique fort limité, peut être de quelque utilité, c'est-à-dire faire passer des heures agréables et même provoquer des talents qui sont encore en germe, nous aurons atteint notre but, et c'est là tout ce que nous pouvons désirer.

FIN.

TABLE DES MATIÈRES

FIN DE LA TABLE

F. Aureau. — Imprimerie de Lagny.

BIBLIOTHÈQUE ARTISTIQUE
EXTRAIT DU CATALOGUE

A, B, C du Dessin. Méthode nouvelle, pouvant être démontrée aux enfants par une personne ne connaissant pas le dessin. — Superbe album in-4° oblong, contenant 21 pages dessins et 21 pages texte explicatif, par Edw. ANCOURT . . . 2 fr.

Anatomie descriptive des Formes humaines, à l'usage des peintres, sculpteurs, graveurs et gens du monde. 1 vol orné de 25 pl., par PÉQUÉGNOT. . 4 fr.

Aquarelle (l') et le Lavis, par GOUPIL. 1 vol. in-8, avec planche. . . 1 fr. 50

Art de préparer les Plantes marines et d'eau douce pour les conserver et en former des Albums pour leur étude, 1 volume in-12. . . . . 1 fr.

Dessin expliqué (le), mis à la portée de toutes les intelligences. 1 volume in-8 orné de 30 sujets d'étude. . . . . 1 fr.

Dictionnaire universel des Beaux-Arts : *Architecture, Gravure, Musique, Peinture, Poésie, Sculpture;* suivi d'un Dictionnaire d'*Iconologie.* . . . . . . 3 fr.

Géométrie populaire artistique et *Dessin linéaire* familier, suivi du *Dessin d'après nature* sans maître, par GOUPIL. 1 vol. in-8 avec 250 sujets d'étude. 2 fr.

Guide du Peintre-Coloriste; Coloris des gravures, lithographies, vues sur verre, pour stéréoscope; Retouche de la Photographie à l'aquarelle et à l'huile, par C. LEFEBVRE. 1 volume in-8. . . . . 1 fr.

Manuel Artistique et Industriel, contenant les Traités de Dessin industriel, de Morphographie, des Ombres, Hachures et Estompes, avec 22 planches. . . . 1 fr

Manuel général du Modelage, de la Sculpture et du Moulage, procédés nouveaux, utiles et agréables aux amateurs, par F. GOUPIL, avec pl. 1 fr. 50

Manuel vulgarisateur des Connaissances Artistiques. 2 volumes ornés de 18 planches, chaque volume. . . . . 1 fr.

Miniaturiste (le), avec planche d'étude, un volume in-8. . . . . 1 fr.

Panorama des Passions appliquées aux Beaux-Arts, etc. 1 fort volume in-8, par J.-B. DELESTRE. . . . . 3 fr.

Pastel (le) appris sans maître, par THÉNOT et GOUPIL . . . . 1 fr.

Pastel (le) simplifié et perfectionné, par GOUPIL. 1 vol. in-8 avec planche 1 fr.

Paysage (Traité du), par F. GOUPIL. 1 vol. in-8, orné de pl. d'étude. . 1 fr.

Paysage (les Règles du), avec 8 pl., par THÉNOT. . . . . 2 fr.

Peinture (la) à l'Huile, suivie d'un Traité de la Restauration et de la Conservation des Tableaux, par GOUPIL. 1 volume in-8. . . . . 1 fr.

Peinture à l'Huile (Manuel général de la), avec pl., par GOUPIL 2 fr. 50
 (Le même, revu et considérablement augmenté). . . . . 4 fr.

Peinture à l'huile (les Règles de la), par THÉNOT, d'après les traditions des grands maîtres, avec notions de géométrie; édition revue et complétée par GOUPIL, illustrée de 8 planches. . . . . 3 fr.

Peinture sur Porcelaine dure, tendre, émail, miniature, faïence, verre, etc., procédés perfectionnés des manufactures de Sèvres, etc. 1 volume in-8. . . . 2 fr.

Perspective expérimentale artistique, ou l'**Orthographe des Formes**, indispensable aux amateurs, artistes, photographes, peintres, sculpteurs, décorateurs, architectes, etc., par F. GOUPIL, avec planches. . . . . 1 fr.

Photographie (la) pour tous, traité simplifié. 1 volume in-8. . . . . . 1 fr.

Traité général des Peintures à l'Eau : *gouache; lavis à l'encre de Chine* pour l'architecture; en couleurs, pour les cartes et plans; Sépia; Détrempe; Fresque; Miniature sur papier, ivoire, bois, parchemin, étoffes, etc., 1 vol. in-8. . . 1 fr.

La **BIBLIOTHÈQUE ARTISTIQUE** forme une collection de traités variés : *Anatomie; — Architecture; — Dessin; — Peinture; — Photographie; — Sculpture; — Ornement; — Modelage,* et tout ce qui concerne les *Beaux-Arts.*

Envoi franco du **CATALOGUE GÉNÉRAL**, *sur demande* affranchie.
Toute demande accompagnée de sa valeur en mandat-poste
sera expédiée franco dans les 24 heures.

www.ingramcontent.com/pod-product-compliance
Lightning Source LLC
LaVergne TN
LVHW012148170726
843503LV00009B/4046